全国高校出版社主题出版

湖北省公益学术著作出版专项资金

Hubei Special Funds for Academic and Public-interest Publications

中国制造的道路

——图说中国火车机车制造业的发展——

桂志仁 编绘

武汉理工大学出版社

图书在版编目（CIP）数据

中国制造的道路.图说中国火车机车制造业的发展/桂志仁编绘.—武汉:武汉理工大学出版社,2021.9
ISBN 978-7-5629-6482-7

Ⅰ.①中… Ⅱ.①桂… Ⅲ.①机车车辆工程—工业史—中国—图集 Ⅳ.①F426-64

中国版本图书馆 CIP 数据核字(2021)第 183492 号

项目负责人:陈军东　　　　　　　　责任编辑:陈军东
责 任 校 对:彭佳佳　　　　　　　　版面设计:博壹臻远
出 版 发 行:武汉理工大学出版社
网　　　　址:http://www.wutp.com.cn
地　　　　址:武汉市洪山区珞狮路 122 号
邮　　　　编:430070
印　　刷　者:武汉市金港彩印有限公司
发　行　者:各地新华书店
开　　　　本:889mm×1194mm　1/12
印　　　　张:13.5
字　　　　数:356 千字
版　　　　次:2021 年 9 月第 1 版
印　　　　次:2021 年 9 月第 1 次印刷
定　　　　价:128.00 元

目录 CONTENTS

3.改革

4.人民的需要

5.科学发展

6.大国制造

1 | 序 曲

　　早在 1876 年中国就出现了第一条铁路，但是直到 1949 年新中国成立前夕尽管各地用各种方式修造了一定数量的铁路，也建立了铁路机车工厂，但那时中国自己造不出铁路机车，铁路线上跑的全都是从世界上十几个国家进口的机车，机车工厂也只能做修修补补的工作。二十世纪三四十年代中国人设计出世界上最好的蒸汽机车，但是中国自己生产不了，还要跑到英国去建造。因为年久失修和战争的破坏，新中国成立前中国的铁路破败不堪、满目疮痍，但是到了解放战争的后期，解放军已经意识到铁路的重要性，在已经解放了的地区依靠铁路工人修复铁路，修复机车，恢复铁路运输，当时的口号是：修复火车头解放全中国。铁路工人克服重重困难修复机车，为前线运送部队运送物资，有力地支援了解放战争！

繁忙的铁路线

中国制造的道路
——图说中国火车机车制造业的发展

∧ "0"号机车

"0"号蒸汽机车是中国保存至今最古老的蒸汽机车。

"0"号蒸汽机车由英国制造,有两根动轮轴,车轴排列为 0-2-0 式,二十世纪六七十年代该车保存在唐山机车厂,1976 年唐山大地震时该车受到严重的损害,后经修复,现在"0"号机车珍藏在北京中国铁道博物馆。

中国制造的道路
——图说中国火车机车制造业的发展

MG1 型机车

1949 年以前中国不具备自行设计制造铁路机车的能力,铁路线上所使用的火车头全部都是进口,国内有名的几个铁路机车工厂也都是以维修为主,各别工厂也利用国外的部分件进行组装。这是 1914 年唐山机车厂组装的 MG1 型 1-3-0 式蒸汽机车,机车运转整备重量 98.66 吨,机车总长 17.73 米。

最早诞生于中国的蒸汽机车

开平矿务局　1880 年

该车是清末(1880 年)唐胥铁路修建期间在英国工程师的主持下,由开平矿务局胥各庄煤矿修车厂员工利用锅驼机等施工机具拼装而成的两轴蒸汽机车,用于线路施工。机车的主动轮在锅炉上方带动从动轮在轨道上行驶。

这台蒸汽机车是有证可查的中国自行建造的最早的蒸汽机车,虽然构造简单,但是极有历史价值。

英国的先导号 Pioneer

1874 年运行在中国的第一台蒸汽机车。

中国人设计，英国制造的蒸汽机车
英国沃尔冈厂制造　1936

　　KF1 型蒸汽机车中国名称为"联盟"型，英文是"Confederation"，1933 年由当时的铁道部路政司主持技术标准的技术员应尚才组织了一批中国的铁路专家采用当时最先进的铁路机车技术进行的设计。由于当时中国的铁路工厂没有制造机车的能力，经向外招标，英国的沃尔冈厂中标制造。

　　1935 年应尚才率专家组赴英国解决设计问题同时负责监造，1936 年首批机车运到国内开始在沪宁线上试运行，性能良好。抗日战争爆发后，因来不及撤退，国民政府下令破坏，1949 年以后经过对该车进行修复，配属上海铁路局，担当沪宁、沪杭两条线路的客货运输主力机车，直到二十世纪七十年代中期，才退出线路。

　　1983 年，中国政府将 KF1 型 7 号机车无偿赠送英国，在英国约克郡的国家铁路博物馆供人参观，北京的中国铁道博物馆也收藏了一台，并向公众开放参观。

华东号机车

皇姑屯车辆厂 1949 年

从 1946 年开始,东北已经获得解放的铁路工人为了支援前线的解放战争,利用工厂里的废旧铁路机车器材把破损严重的机车进行修复,为解放战争中有力地支前运输做出了贡献。其中,有"毛泽东号机车"和"朱德号机车"这两台机车为解放战争和抗美援朝都做出了突出贡献,成为中国铁路的旗帜。这期间东北获得解放的铁路工人,在共产党的领导下为了解放全中国,修旧利废,开展"一切为了前线"的活动,利用工厂散存的零部件,修复机车,奔赴前线,为中国革命的胜利做出了贡献。

在那个年代中国还没有铁路机车的制造能力,但是铁路工人用自己的劳动摸索总结出了一套成功的经验,这些经验也被后来中国开展的建设新中国的第一个五年计划所引用,为中国迅速恢复经济和开展经济建设提供了有力的支持。

2 | 筚路蓝缕

到了 1949 年，中国有记录的进口铁路机车有 4069 台，机车型号多达 198 种，分别是从英国、美国、捷克、比利时、日本等国进口，那时的中国号称万国机车博物馆。

新中国成立后中国的铁路也迎来了崭新的局面，1952 年四月朱德同志到青岛四方机车车辆厂参观，发出指示要求四方机车车辆厂制造中国的铁路机车，四方机车车辆厂的工人受到莫大的鼓舞，大家克服困难在很短的时间里完全依靠自己的力量于 1952 年 7 月 26 日造出中国自行生产的第一台蒸汽机车，并且命名为八一号，自此中国的铁路机车制造开始迎来崭新的一页，到了"改革开放"前，中国已经实现铁路线上使用的主要各型蒸汽机车、内燃机车和电力机车完全自行生产制造，满足了当时国民经济的基本需要。

铁路先锋

一丝不苟,精心保养

解放型蒸汽机车
四方机车车辆厂　1952 年

　　新中国成立初期,铁道部决定中国铁路机车制造从仿制入手,逐步实现自己设计制造蒸汽机车的目标。首先仿制的是日本制造的"天皇"型干线货运机车,仿制任务由青岛四方机车车辆厂承担,该厂于 1952 年 12 月成功仿制了第一台车,这个型号的车后来被命名为解放型,代号 JF。

解放型蒸汽机车的动轮

　　解放型蒸汽机车是二十世纪五六十年代的主力车型,由四方、大连和齐齐哈尔3家机车工厂生产,到1960年停产共制造455台,在那个时代中国的国民经济建设中发挥了巨大的作用。

　　"解放型"蒸汽机车,对轴式为1—4—1,机车自重92.07吨,机车全长22.63米,构造速度80公里/小时,轮周功率1545马力,动轮直径1370毫米。

"八一"号解放型 2102 机车
四方机车车辆厂　1952 年 7 月

　　1952 年 7 月，青岛四方机车车辆厂修理试制了一台蒸汽机车，出厂型号为 2102 号，车身镶有一块铜牌（八一号），车身自重 92.07 吨，车长 22.6 米，构造速度 80 公里/小时，牵引力 236 千牛，1952 年 8 月 1 号试制成功，当晚（八一号）机车就奔赴抗美援朝的前线战场。

　　1992 年 5 月（八一号）蒸汽机车退役，现保存在中车青岛四方机车车辆股份公司棘洪滩厂区陈列。

　　（八一号）蒸汽机车是公认的中国铁路机车制造史上第一台自己制造的蒸汽机车。

胜利 2-3-1 型客运蒸汽机车
四方机车车辆厂　1956 年
　　青岛四方机车车辆厂在成功仿制和生产解放型蒸汽机车以后，接着又开始仿制干线客运机车，1956 年 9 月试制成功第一台，到 1959 年停产共生产 151 台，该型蒸汽客运机车被命名为"胜利"型，代号 SL。
　　构造速度 110 公里/小时，车轴排列 2—3—1，动轮直径 1750 毫米，机车空重 88.71 吨，机车全长 22618 毫米。

建设型蒸汽机车

大连机车车辆厂　1957 年

建设型蒸汽机车是 1956 年由大连机车车辆厂对解放型蒸汽机车改进设计,于 1957 年制成的干线货运新型机车,机车性能较解放型有了很大的提高,机车最大功率提高 16.7%。

机车空重 91.3 吨,总长 23.33 米,构造速度 85 公里/小时,轮轴功率 1669.6 千瓦,车轴排列为 1—4—1 式,动轮直径 1.37 米。

大连机车车辆厂、戚墅堰机车车辆厂、大同机车厂、北京二七机车厂参加了制造,到 1965 年共制造了 1135 台,建设型蒸汽机车是二十世纪六七十年代中国铁路货运主要的机车之一,在国民经济建设中发挥了重要的作用。

建设型货运蒸汽机车
大连机车车辆厂 1957 年

和平型蒸汽机车

大连机车车辆厂　1956 年

　　和平型蒸汽机车是中国于 1956 年自行设计制造的大功率干线货运蒸汽机车,轴排列 1—5—1 式,机车空重 119.29 吨,机车总长(六轴煤水车)29.18 米,机车功率 2980 马力,构造速度 80 公里/小时,大连机车车辆厂于 1956 年试制成功后,有多家机车工厂生产此型机车,1964 年后由大同机车厂独家生产,1971 年改名为前进型。

　　大连机车车辆厂通过和平型机车的设计制造也实现了由修转造的历史转变,成为中国第一个蒸汽机车设计制造主导厂。

中国制造的道路
——图说中国火车机车制造业的发展

跃进型 1-3-1 蒸汽机车

济南机车厂　1958 年

　　跃进型 1-3-1 式蒸汽机车,是济南机车厂于 1958 年设计试制成功的。

　　跃进型蒸汽机属于工矿用蒸汽机车,代号 YJ,机车空重 68 吨,全长 18.32 米,构造速度 60 公里/小时,此型机车由济南,唐山,牡丹江等地的机车厂共生产 202 台,1961 年停产。

⋀ 前进型蒸汽机车(一)

大连机车车辆厂、大同机车厂　1956 年

　　和平型蒸汽机自 1956 年问世后,由于存在一些缺陷,一直没有形成成批生产。1962 年开始,大同机车厂开始对该机车的设计及工艺进行改进,历时两年,1964 年九月,经过重大改进的和平型 101 号试制成功(后更名为前进 101 号),该型机车就此定型。1965 年 4 月开始大批量生产,到 1988 年 12 月停产,大同机车厂共制造这种机车 4680 台,最高年产 325 台,为中国的经济建设立下了汗马功劳。

中国制造的道路

——图说中国火车机车制造业的发展

△ **前进型蒸汽机车（二）**

大连机车车辆厂　1956 年

　　前进型蒸汽机车 1971 年 6 月由"和平"更名为"前进"，取自"革命是人类历史前进的火车头"语意。

　　前进型蒸汽机车采用了一系列的新技术、新结构和新材料新工艺，使机车达到了世界蒸汽机车的先进水平。

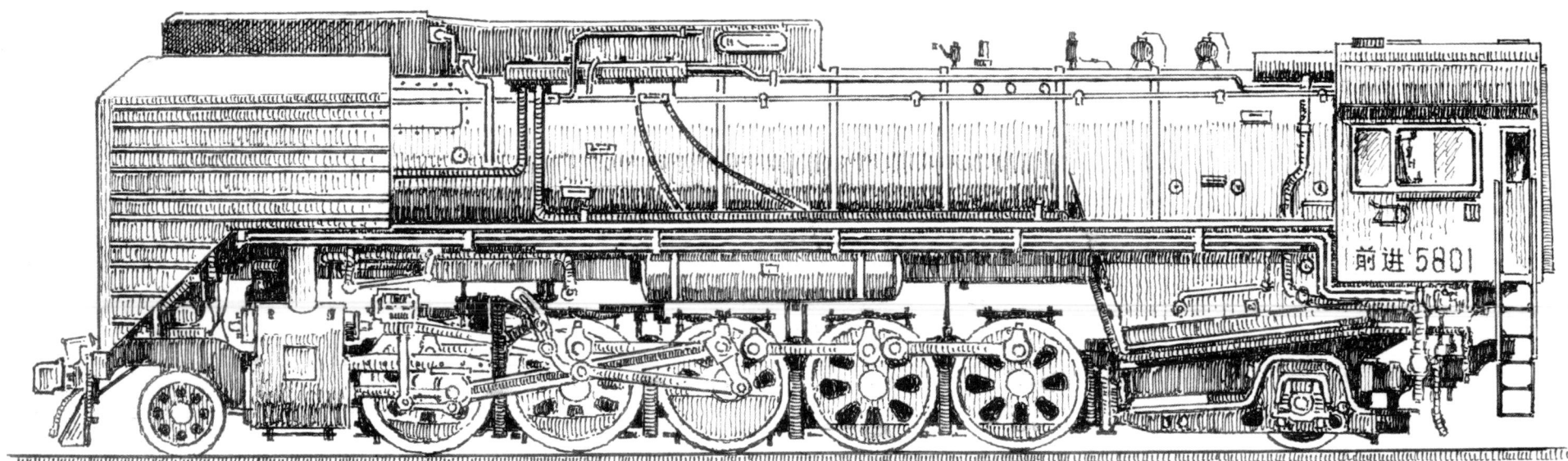

前进型蒸汽机车侧面
大连机车车辆厂　1956 年

红旗型蒸汽机车 1-5-0
大连机车车辆厂 1958 年

上游型机车　1-4-1

唐山机车车辆厂　1960 年

　　上游型蒸汽机车是大连和唐山机车车辆厂于 1960 年设计制造的,机车代号 SY,属于铁路支线和工矿用的蒸汽机车。

　　此型机车性能比较先进,是中国工矿用蒸汽机车中数量最多、生产时间最长的一种机型。由试制出第一台的唐山机车车辆厂独家生产,至 1996 年停产共生产了 1765 台。

　　上游型蒸汽机车轴式为 1-4-1 式,机车空重 75.5 吨,全长 21.64 米,构造速度 80 公里/ 小时。

上游型 1-4-1 蒸汽机车
唐山机车车辆厂　1960 年

安全正点，多拉快跑

中国制造的道路
——图说中国火车机车制造业的发展

人民型客运蒸汽机车（一）
四方机车车辆厂 1957 年

人民型客运蒸汽机车是 1957 年由大连机车厂对胜利型机车改进设计，1958 年由青岛四方机车车辆厂试制成功的干线客运主型机车，代号 RM，机车空重 89.79 吨，全长 23.25 米，构造速度 110 公里/小时，轮轴功率 1397 千瓦，车轴排列为 2-3-1 式，动轮直径 1.75 米。

人民型机车与胜利型机车相比较具有功率大、速度高、煤耗低等优点。

人民型蒸汽机车由青岛四方机车车辆厂独家生产，共制造 258 台，1966 年停产，1990 年退役。

中国制造的道路

人民型客运蒸汽机车（二）

四方机车车辆厂 1958 年

该型蒸汽机车的动轮直径达 1.75 米，是国产机车中最大的。

中国制造的道路
——图说中国火车机车制造业的发展

人民型客运蒸汽机车 2-3-1 式
青岛四方机车车辆厂   1958 年
　　那个时代铁路职工喜欢把火车头用各种方式打扮得漂漂亮亮，火车跑得快全靠车头带，火车司机们要把最有意义的宣传口号布置在火车头上，最大限度地表现出铁路工人的精神面貌。

人民型客运机车（二）
四方机车车辆厂 1958 年

工建型工矿用蒸汽机车
太原机车车辆厂　1958 年

▲ 地方铁路使用的窄轨蒸汽机车

"火车一响，黄金万两"，广受欢迎的森林小火车

中国制造的道路
——图说中国火车机车制造业的发展
033

巨龙型内燃机车

大连机车车辆厂　1958 年

　　从 1956 年开始大连机车车辆厂就派出技术人员到苏联学习内燃机车的制造技术。1958 年在苏联专家的指导帮助下大连机车车辆厂以苏联的内燃机车为样板,成功试制了直流电传动干线客货运内燃机车,命名为巨龙号,后经过不断改进,形成了成批生产,这就是大名鼎鼎东风型内燃机车。

　　巨龙型内燃机车共试制两台,在当时引起了社会的广泛关注,是了不起的成就。机车功率 4000 马力,构造速度 100 公里/小时,运转整备质量 126 吨。

建设型内燃机车

北京长辛店铁道工厂　1958 年

　　1958 年北京长辛店铁道工厂提出试制内燃机车的计划，得到铁道部和北京市政府的支持，长辛店铁道工厂（现在的北京二七机车厂）以进口的内燃机车为参照，于 1958 年九月试制成功两台。

卫星型液力传动内燃机车
四方机车车辆厂　1959 年

　　卫星型液力传动内燃机车是青岛四方机车车辆厂于 1958 年开始研制的客运内燃机车。经过一年的努力，1959 年试制成功中国第一台液力传动内燃机车，该车被命名为"卫星"型，代号"NY1"。试制成功后该车开赴北京参加国庆十周年展览，经过改进在 1966 年改称为"东方红 1"型开始成批生产。

　　"卫星"型液力传动内燃机车在中国铁路机车制造史上具有特别的意义。

飞龙型内燃机车
大连机车车辆厂　1960 年

飞龙型内燃机车(外形近似"哭脸"老东风)是大连机车车辆厂于 1960 年设计试制的一台货运机车,车重 60 吨,构造速度 100 公里/ 小时,只试制了一台,没有投入批量生产。

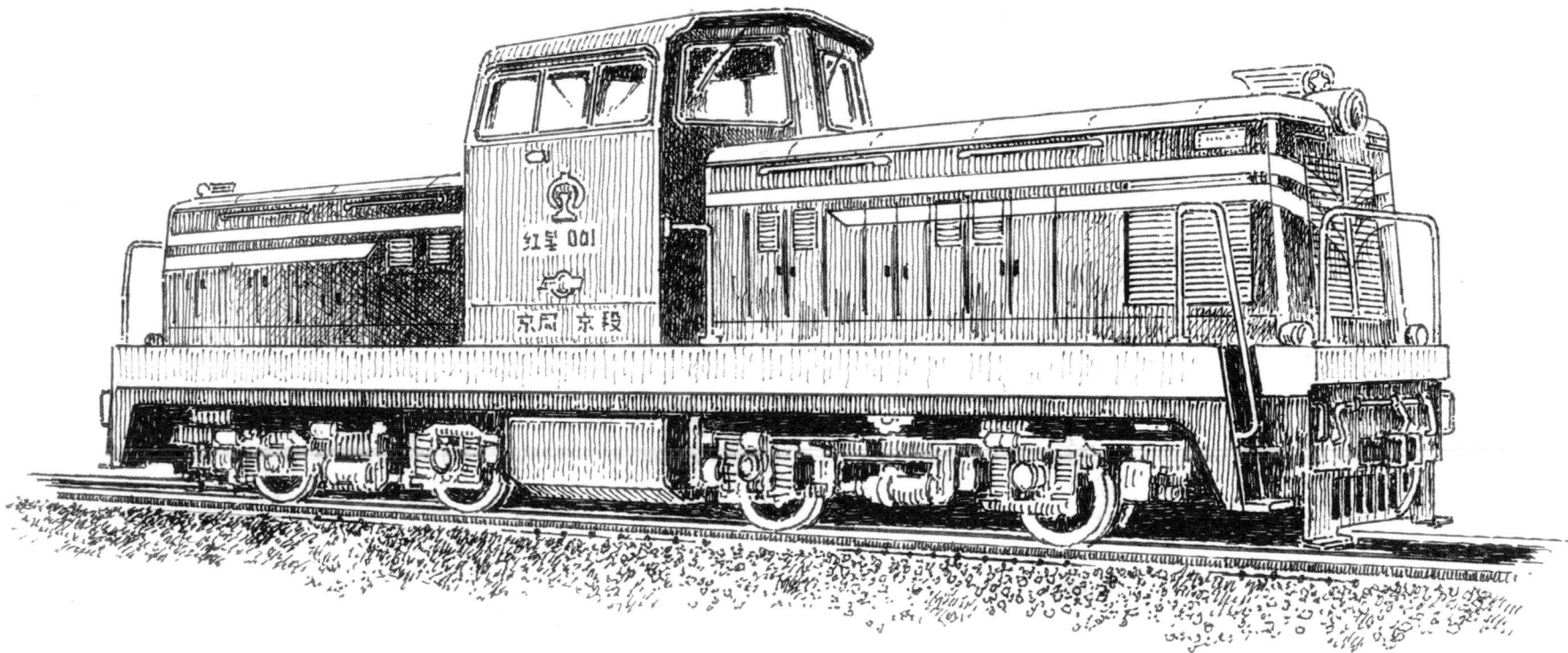

红星型

四方机车车辆厂　1964 年

　　红星型内燃机车是青岛四方机车车辆厂于 1962—1963 年设计，1964 年开始
生产的调车和工矿使用的小运转机车，共制造 18 台。运转整备重量：64 吨，传动
方式：液力，构造速度：小运转工况 73 公里/小时。

东风 2 型内燃机车

戚墅堰机车车辆厂　1964 年

　　东风 2 型内燃机车是中国第一代电传动内燃机车的代表车型之一，代号 DF2，戚墅堰机车车辆厂于 1964 年设计试制成功，是一种电传动调车内燃机车，功率 1080 马力，是中国二十世纪六十年代开始的铁路机车从蒸汽机车向内燃化转变初期的代表车型之一，主要由戚墅堰机车车辆厂生产，从 1974 年到 1986 年共生产了 148 台。

　　传动方式：直-直，电力，整备质量：113 吨，构造速度：95.3 公里/小时。

东风 3 型内燃机车"老东风"
大连机车车辆厂　1969 年

　　东风 3 型内燃机车,代号 DF,是中国第一代电传动内燃机车的代表车型,是大连机车车辆工厂 1958 年试制成功,后经不断改进于 1963 年正式投入批量生产的干线货运机车,1972 年经过改进,速度提高到 120 公里/小时。该型内燃机车在二十世纪六七十年代广泛用于中国的西北、东北和西南地区的铁路运输,是当时的主力机车之一。

　　机车功率:1800 马力,构造速度:100 公里/小时,传动方式:电力(直-直),整备质量:126 吨。

中国制造的道路
——图说中国火车机车制造业的发展

东风 3 型内燃机车(一)

大连机车车辆厂　1972 年

　　东风 3 型内燃机车是大连机车车辆厂于 1972 年在原东风型内燃机车的基础上改进设计提高了牵引力制造的干线客运电传动客运机车,总共生产 226 台。

东风 3 型内燃机车(二)
北京二七机车厂   1982

东方红 2 型

四方机车车辆厂、资阳机车车辆厂 1973 年

　　东方红 2 型内燃机车是中国液力传动内燃机车车型之一,由青岛四方机车车辆厂和资阳机车车辆厂 1971 年开始设计,1973 年资阳机车车辆厂开始批量生产的 1250 马力内燃机车。该车最初是为援外的坦赞铁路设计的。在坦赞铁路,该车的使用情况很好,机车又运回国内使用和生产,到 1976 年停产,共制造了 50 台,中国铁道博物馆收藏有该型机车。

东方红 1 型客运机车
四方机车车辆厂 1959 年

　　东方红 1 型内燃机车是青岛四方机车车辆厂于 1959 年研制成功的 1820 马力液力传动客运内燃机车，机车命名为卫星型，是中国铁路史上第一代液力传动内燃机车，该型内燃机车是在 1959 年试制的卫星型内燃机车的基础上经过重大改进于 1966 年定型开始批量生产的，被命名为"东方红"型，机车代号 DFH1。

　　东方红 1 型内燃机车曾经是京山、沈山铁路的主力客运机车，也曾经是国家领导人的专列牵引机车，该型机车设计先进合理，维护简便，退役后被评为国家一级文物，收藏于北京的中国铁路博物馆。

　　该型机车曾经是中国援建的坦赞铁路主型机车。

　　制造年代 1959 年，最高速度：140 公里/小时，整备质量：84 吨。

东方红 3 型内燃机车
四方机车车辆厂　1972 年

　　东方红 3 型内燃机车是青岛四方机车车辆厂于 1972 年开始生产的中国铁路干线客货运液力传动内燃机车车型之一，1971 年开始试制，1976 年正式批量生产，2700 马力，最高时速 120 公里，整备重量 92 吨，整车长度 17.97 米。该型机车曾大量配属东北地区的沈阳铁路局和哈尔滨铁路局，是当时中国东北地区的铁路干线客运主力机车。

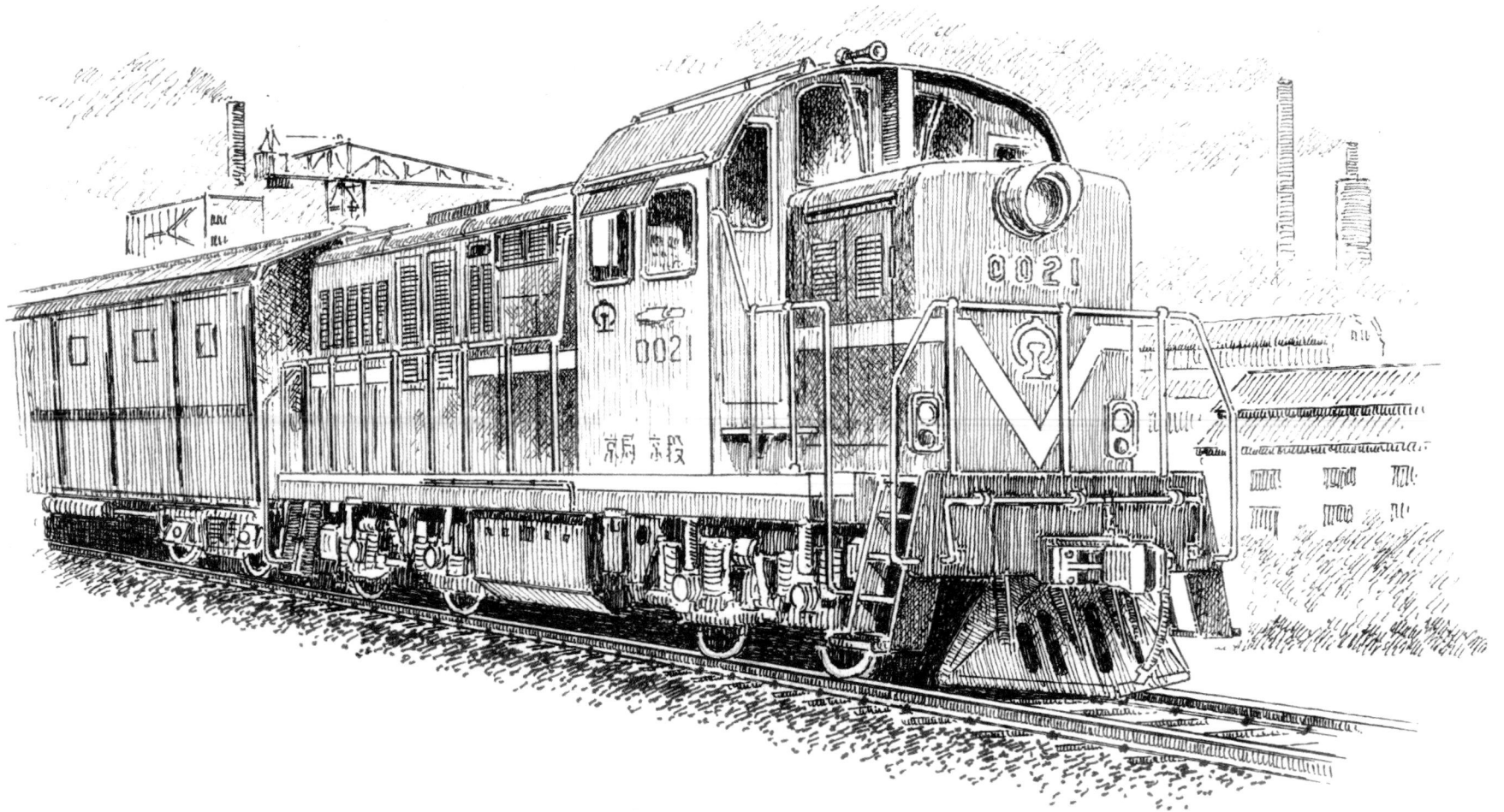

东方红5型液力传动内燃机车
资阳机车车辆厂 1976年

东方红5型液力传动内燃机车是资阳机车车辆厂于1976年试制成功并且投入批量生产的调车和小运转机车。

机车持续功率：590马力，构造速度：小运转80公里/小时，调车40公里/小时，传动方式：液力，整备质量：86吨。

东方红 4 型内燃机车
四方机车车辆厂　1969 年
　　东方红 4 型内燃机车, 机车代号 DFH4, 是青岛四方机车车辆厂生产的中国大功率液力传动内燃机车, 机车功率 5000 马力。该型内燃机车研制时间很长, 总共生产了 6 台。

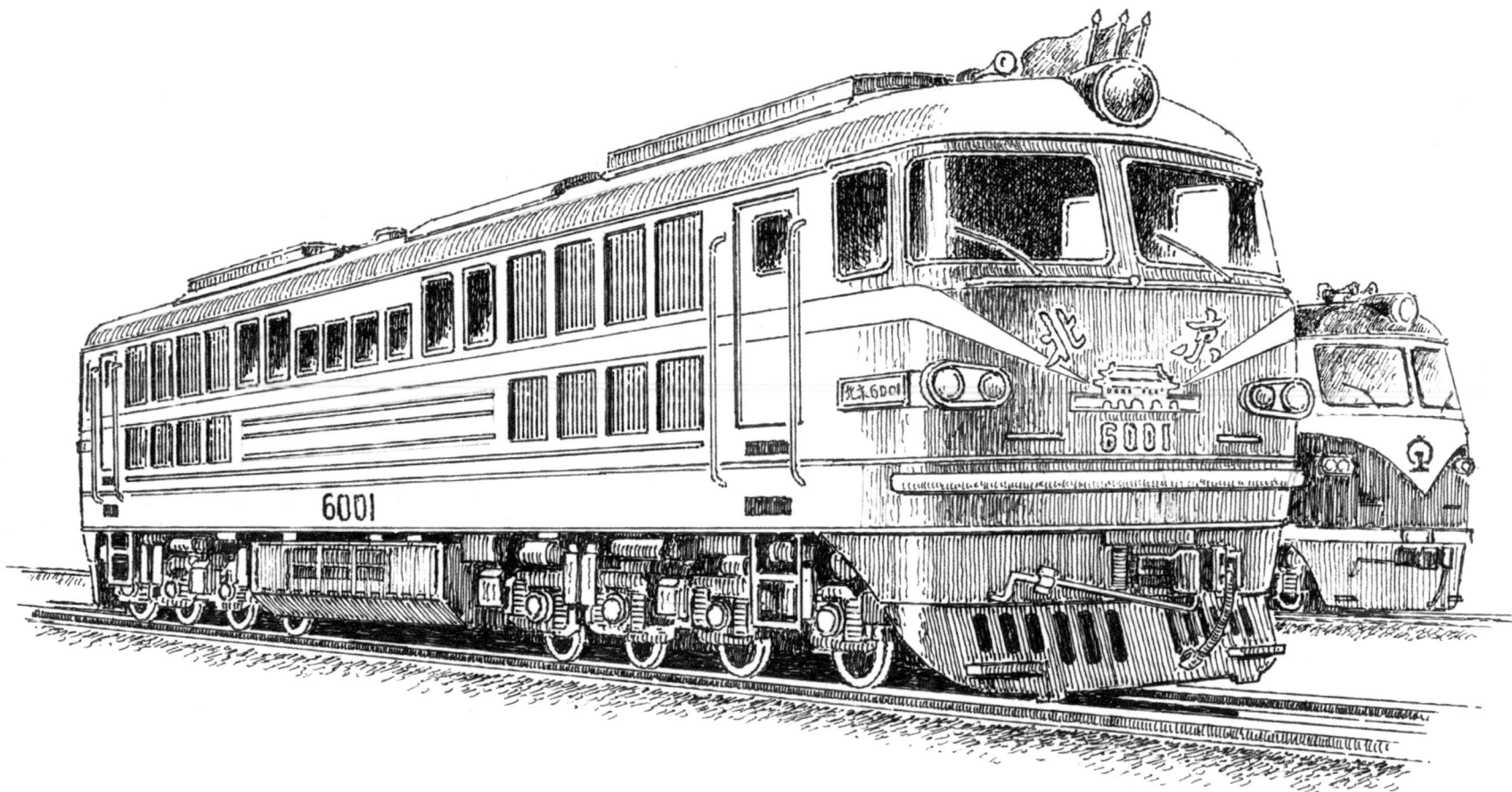

北京型 6000 马力液力传动内燃机车
北京二七机车车辆厂　1969 年

北京型 3001 号干线客运机车

北京二七机车车辆厂　1970 年

　　该车是当时北京铁路局执行专运任务的机车,也担当京沪、京广线的特快列车牵引任务。

北京型内燃机车

北京二七机车车辆厂 1973 年

北京型液力传动内燃机车,是中国铁路史上最成功的液力传动内燃机车车型,1975 年正式定型投产,曾是华北、华中地区的主力客运机车。

北京型内燃机车分为单司机室和机车两端设司机室两种车型,单司机室的称为小北京,双司机室的称为大北京,小北京也可以双机重联牵引列车。

北京型内燃机车在二十世纪七八十年代的铁路客运上发挥了极其重要的作用,立下了汗马功劳!

机车持续功率:2700 马力,构造速度:120 公里/小时,传动方式:液力,整车质量:93 吨。

北京型内燃机车总共生产了 374 台。

北京型 2071 号内燃机车
北京二七机车车辆厂，1990 年

长征型燃气轮机机车

大同机车厂　1969 年

大同机车厂 1969 年研制，只生产了 1 台。

东风 4 型内燃机车(一)

戚墅堰机车车辆厂　2001 号首台　1974 年

　　东风 4(DF4)型内燃机车是中国铁路第二代电传动的首型机车,也是中国首次自行设计研制的交-直流电传动内燃机车。大连机车车辆厂等 1969 年研制出首台东风 4 型内燃机车,此后一直处于一边生产一边改进的局面,直到 1985 年东风 4 型内燃机车才正式投入批量生产,成为中国铁路史上研制时间最长,生产数量最多,运用最广泛的内燃机车车型。

　　1977 年 2 月,北京铁路局丰台机务段的东风 4 型 0002 被命名为"毛泽东号",替换了上一代的解放 1 星期 304 号蒸汽机车,成为第二代"毛泽东号"机车,1991 年 8 月东风 4b 型 1893 号机车接替了东风 4 型 0002 号机车,成为第三代"毛泽东号"机车。

　　东风 4 型内燃机车在中国的铁路史上有举足轻重的分量,在中国的社会主义建设中发挥了巨大的作用,东风 4 型 0001 号内燃机车现收藏在北京中国铁道博物馆,是国家一级文物。

东风 4 型内燃机车(二)
大连机车车辆厂　1969 年

东风 4 型内燃机车　干线客、货运机车 DF4
大连机车车辆厂　1996 年
干线客、货运内燃机车。

东风 4 型内燃机车 2001 号
戚墅堰机车车辆厂　1974 年

　　铁路机车在中国除了担当牵引列车的任务，它还有一种特殊的使命：火车头象征着力量，代表着胜利，代表着前进。授予优秀的机车包乘组和他们所驾驶的机车往往被授予光荣的名字和称号。

东风 4D 型内燃机车

大连机车车辆厂　1996 年

　　东风 4D 型内燃机车是客货两用交-直流电传动内燃机车,也是中国早期的准高速客运机车,用于牵引快速旅客列车,是中国铁路第一、二、三次大提速的主要机车之一,最高运行速度达 170 公里/小时,构造速度 145 公里/小时。

　　机车持续功率:3300 马力,运转整备质量:138 吨。

　　各新型东风内燃机车生产总数为 45000 台。

交流电传动 东风 4DJ 内燃机车
大连机车车辆厂 1997 年

东风 8B 型内燃机车

戚墅堰机车车辆厂　1979 年

　　东风 8B 型内燃机车是中国铁路的干线货运用重载内燃机车,车型代号 DF8D,铁道部在 1993 年提出繁忙干线旅客列车最高速度 140 公里/小时,普通货物列车最高速度 90 公里/小时"的发展目标。1997 年铁道部与戚墅堰机车车辆厂签订了研制合同,正式命名新车为东风 8B,新车于同年六月份试车,1998 年通过鉴定, 由戚墅堰机车车辆厂和资阳机车车辆厂同时生产,到 2020 年总共生产了 1209 台。机车长度:20.9米,最高时速:100 公里/小时,整备质量:151.6 吨,牵引功率:3100 千瓦。

东风 4DD 型内燃机车
1998 年　大连机车车辆厂

东风 4DD 型内燃机车是由大连机车车辆厂于 1999 年设计制造的调车机车,属于国内功率最大的调车机车,也是国产铁路机车中唯一的一款美式外走廊机车,被车迷称为"狗头机车"。

功率:2940 千瓦,空车质量:138 吨,构造速度:80 公里/小时。

东风 DF8C 霞光号重载内燃机车
戚墅堰机车车辆厂 2003 年

东风 8B 型雪域号内燃机车

戚墅堰机车车辆厂　2002 年

　　雪域号内燃机车是在东风 8 型内燃机车的基础上研制的换代产品，1999 年开始由戚墅堰机车车辆厂和资阳机车车辆厂同时生产。

　　2001 年青藏铁路二期工程开始建设，戚墅堰机车车辆厂接受了试制高原车型的任务，在东风 8B 型内燃机车的基础上研制，2002 年完成了样车，命名为"雪域"号，并开始实验运行，各项指标达到了设计试制的要求，可以满足青藏铁路的使用条件。

　　"雪域"号机车原本应该成为青藏铁路的主力牵引机车，但是由于多种原因最终没有形成批量生产，只生产了 12 台。功率：3400 千瓦，整备质量：151.6 吨，传动方式：交-直流电传动，最高时速：100 公里。该型内燃机车的驾驶室为防止高原的紫外线照射，装有防紫外线镀膜玻璃。

东风 8BJ 型内燃机车
资阳机车车辆厂　2001 年
　　东风 8BJ 型内燃机车由资阳机车车辆厂于 2000 年设计制造，功率：4000 千瓦，最高时速：120 公里，是 2002 年国家重大技术装备创新研制项目之一。

东风 8DJ 高原型内燃机车
资阳机车有限公司 2006 年
　　东风 8DJ 高原型内燃机车是交流传动青藏铁路专用客货两用内燃机车,是中国首台功率 5500 马力的国产化交流传动技术的现代化内燃机车,最高时速 90 公里,可牵引 5000 吨的重载货物列车,总体水平达到二十世纪末世界先进技术水平。

东风 9 型柴油机车
戚墅堰机车车辆厂　1990 年

东风 DF10C 内燃机车
大连机车车辆厂　1993 年

中国制造的道路
——图说中国火车机车制造业的发展

东风 DF 10F **型内燃机车**

大连机车车辆厂　1996 年

东风 DF11 型内燃机车

戚墅堰机车车辆厂　1992 年

　　该车是中国铁路主力内燃机车车型之一，"八五"期间国家重点科技攻关项目之一，是为牵引准高速铁路时速 160 公里级别的高速旅客列车而研制的，也是中国第四次铁路大提速的主力机车，最高时速达 170 公里。首车于 1992 年研制成功，是中国铁路史上第一台准高速客运内燃机车，是当时中国功率最稳定、速度最快、现代化程度最高的国产内燃机车。

　　机车功率：3500 千瓦，整备质量：138 吨，传动方式：交-直流电传动，机车总长 21.25 米，到 2005 年底总共生产了 459 台。

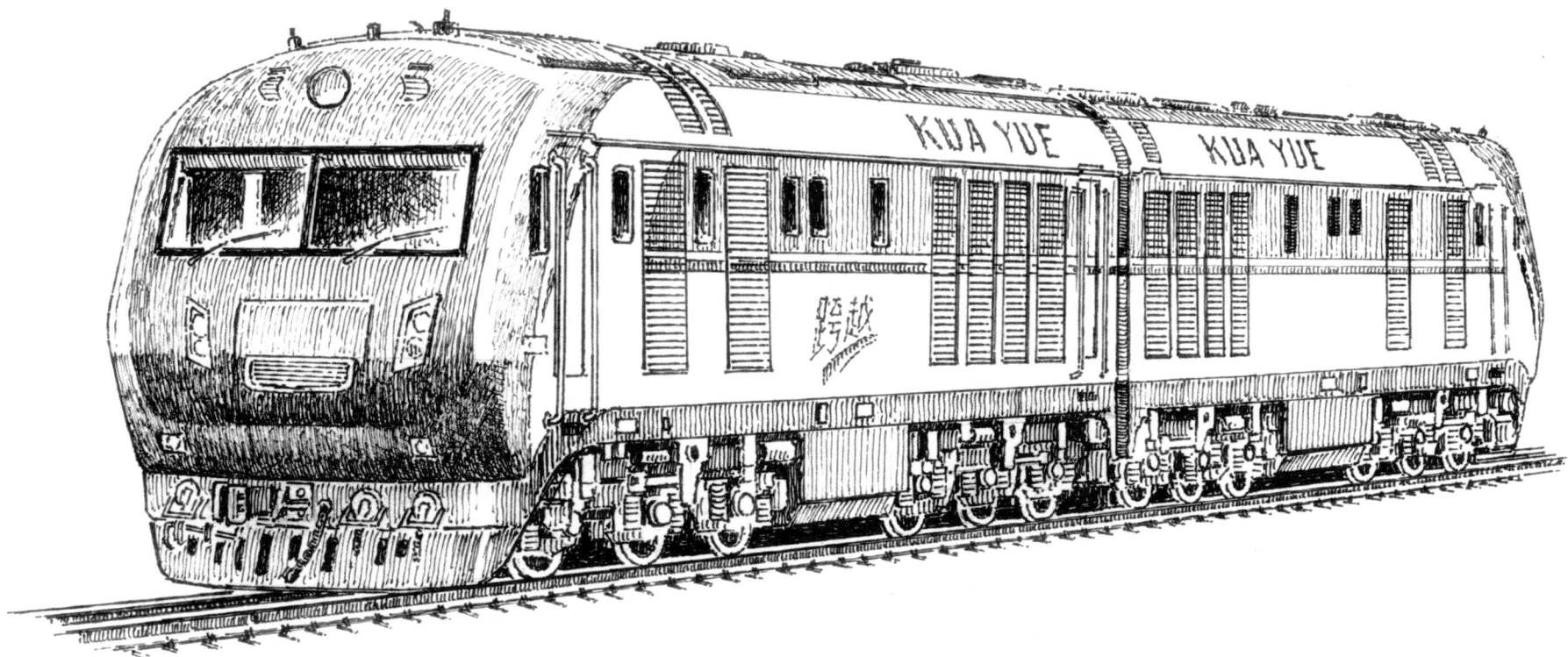

东风 11G（跨越）内燃机车（一）
戚墅堰机车车辆厂　2003 年

　　东风 11G 型内燃机车是中国铁路使用的固定重联准高速内燃机车，是为中国铁路第五次大提速而专门研制的机车。其技术借鉴了东风 11Z，是中国第一种采用全微机控制技术的内燃机车，可以满足(长交路)1000 公里不换机车一站直达、单司机驾驶的条件。该型内燃机车 2003 年完成试验，试验时最高时速达到 169 公里。

东风 11G（跨越）内燃机车（二）
戚墅堰机车车辆厂　2003 年

东风 11G 型内燃机车
戚墅堰机车车辆厂 2003 年

东风 11Z 型内燃机车
戚墅堰机车车辆厂　2002 年

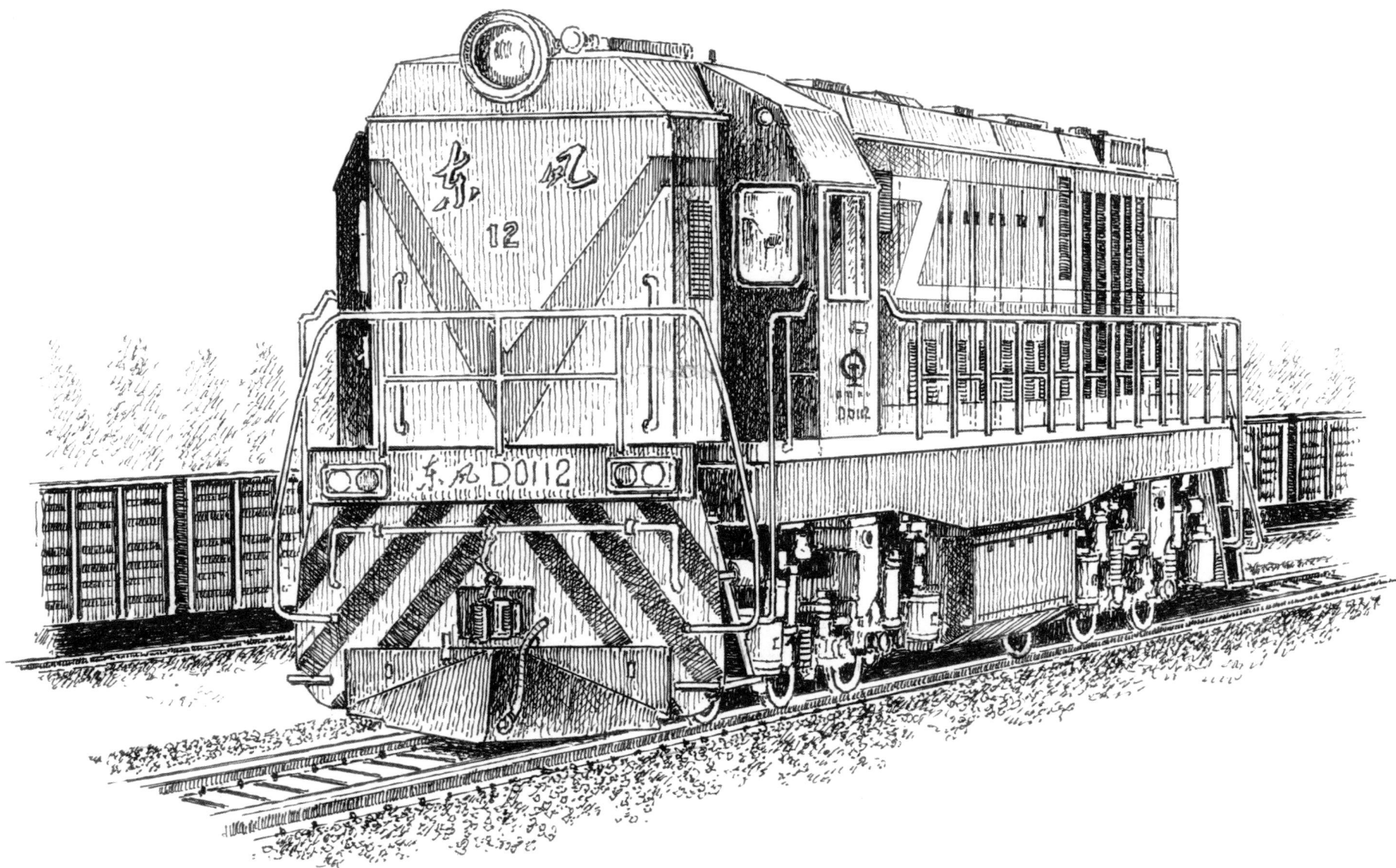

东风 12 型内燃机车
资阳机车车辆厂　1997 年

东风 DF21 窄轨内燃机车
四方机车车辆厂　2003 年

6Y2 型电力机车

韶山型电力机车的前身　法国阿尔斯通公司　1960 年

这是法国 1960 年为中国生产的 6Y2 型电力机车。1960 年中国第一条电气化铁路宝成铁路建成通车，但是由于中国自己制造的电力机车未能实现批量生产从而影响了宝成铁路的运输，国家决定从当时的法国阿尔斯通公司进口 6Y2 型电力机车解决缺乏电力机车的局面。1969 年株洲的田心机车厂在 6Y2 的基础上试制了一台韶山 2 型电力机车，获得了成功，该型电力机车虽然没有形成批量生产，但是也为中国今后研制电力机车积累了大量的经验。

6Y1 型电力机车

株洲电力机车厂　1958 年

　　1957 年 10 月毛泽东主席率领中国代表团赴苏联参加苏联"十月革命"40 周年庆祝活动。期间代表团向苏联提出了向中国提供电气化铁路和电力机车技术资料的要求，后来在苏联专家的帮助下，以当时苏联最新的电力机车为样板，湘潭电机厂和田心机车车辆厂开始试制电力机车，并在 1958 年 12 月 28 日这天成功试制了中国第一台电力机车，机车命名为韶山号，代号 6Y1。

　　6Y1 型电力机车在 1958 年试制成功，但是由于当时的中国制造能力太差，无法形成批量生产，直到 1968 年机车才通过鉴定，命名为韶山 1 型，1980 年才开始大批量生产。

　　韶山 1 型电力机车是中国铁路干线的客、货运主型机车，从 1958 年开始直到 1988 年停产，总共生产了 826 台。其原型韶山 1 型 008 号电力机车具有极高的历史价值，是国家一级文物，现收藏在北京的中国铁路博物馆。

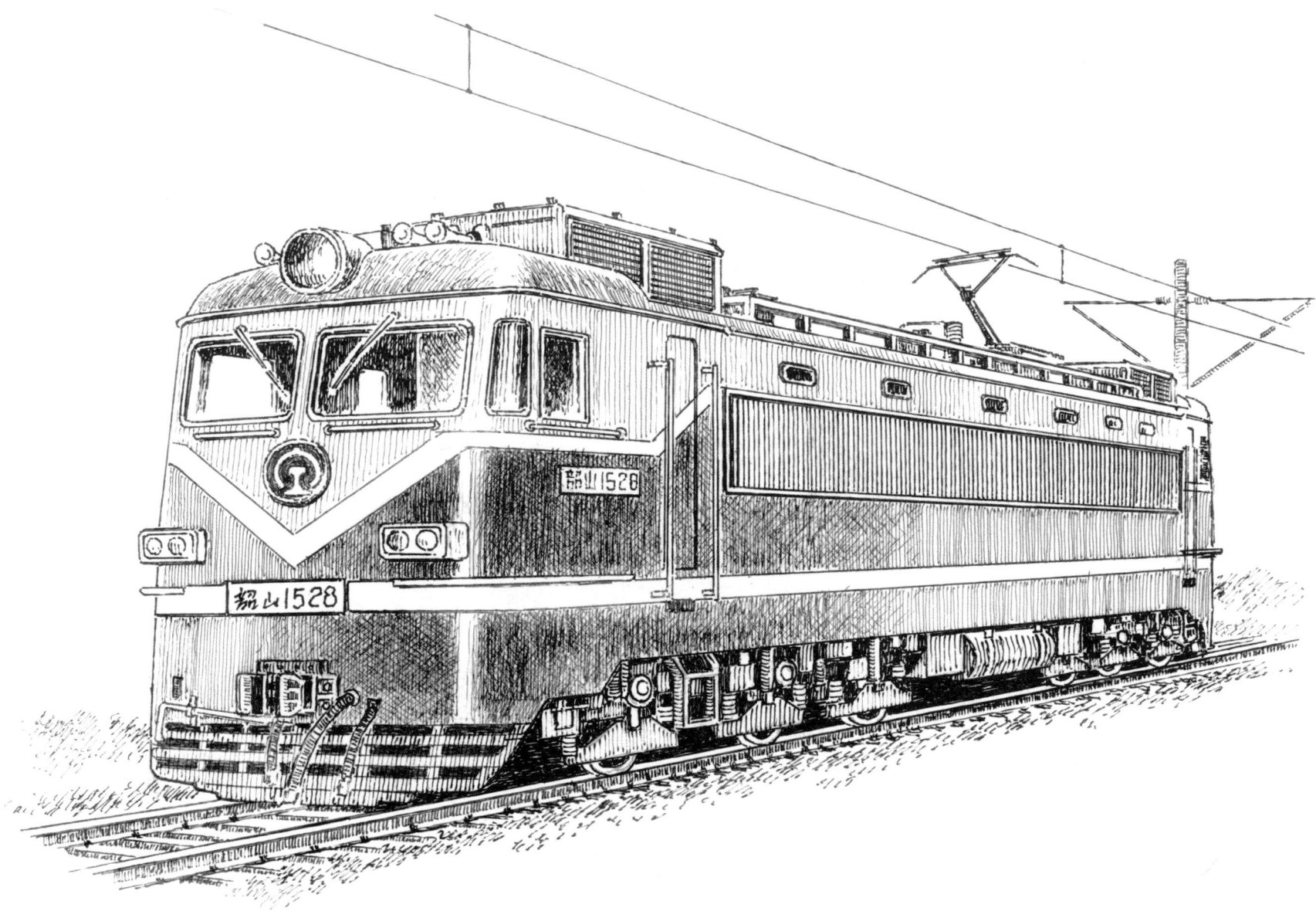

韶山 1 型机车 SS1
株洲电力机车厂，1958 年
　　韶山 1 型电力机车是中国第一代国产客货两用电力机车，1958 年试制成功，因为技术原因当时没有投入批量生产，直到 1980 年才通过鉴定形成批量生产，曾为二十世纪七八十年代中国电气化铁路的主型机车。

韶山 SS2 型电力机车
株洲电力机车厂　1969 年
　　韶山 2 型电力机车,实验性机车,吸收法国阿尔斯通技术 6Y2 型机车的先进技术,1969 年设
计,只试制了 1 台。

韶山 SS3 型电力机车

株洲电力机车厂　1978 年

韶山 3 型电力机车是中国铁路第二代电力机车车型之一,是吸收 SS1、SS2 机车的成熟经验后
于 1979 年研制成功的干线客、货运两用电力机车,1986 年投入生产,到 1989 年共制造了 302 台,
构造速度:100 公里/小时,全长:20.2 米,总质量:138 吨。

韶山 SS4 型电力车

株洲电力机车厂　1985 年

　　韶山 4 型电力机车是由株洲电力机车厂于 1985 年研制的,是当时中国铁路第二代电力机车的首台,也是国内功率最大的货运电力机车,1988 年通过国家鉴定,1989 年正式投产,曾获国家科技进步一等奖。

　　机车持续功率:6400kW,构造速度:100 公里/小时,传动方式:电传动,机车全长:15.2 米,机车总质量:184 吨。

韶峰 ZG150—1500 直流工矿电力机车
湘潭电机集团有限公司　1986 年

太行型工矿内燃机车
石家庄动力机械厂 1979 年

太行型 52G　窄轨内燃机车
石家庄动力机械厂　1979 年

3 │ 改 革

经过几代人的艰苦努力,中国的铁路机车制造已经形成完整的体系,铁路机车制造工业已经成为国民经济最重要的基础之一,起到了排头兵的作用。现在中国的铁路线上跑的几乎全部都是中国自己设计制造的机车,并且中国制造的铁路机车不论是在质量上还是技术上都达到了世界最高的水平。

繁忙的机身制造车间

前进型蒸汽机车与东风 4 型内燃机车在一起

大同机车厂　1988 年

前进型蒸汽机车 1971 年 6 月由"和平"更名为"前进",取自"革命是人类历史的火车头"语意。

前进型蒸汽机车采用了一系列的新技术、新结构、新材料、新工艺,使机车达到了世界蒸汽机车的先进水平。

中国制造的道路
——图说中国火车机车机制造业的发展

泰山型工矿内燃机车
济南机车工厂　1995 年

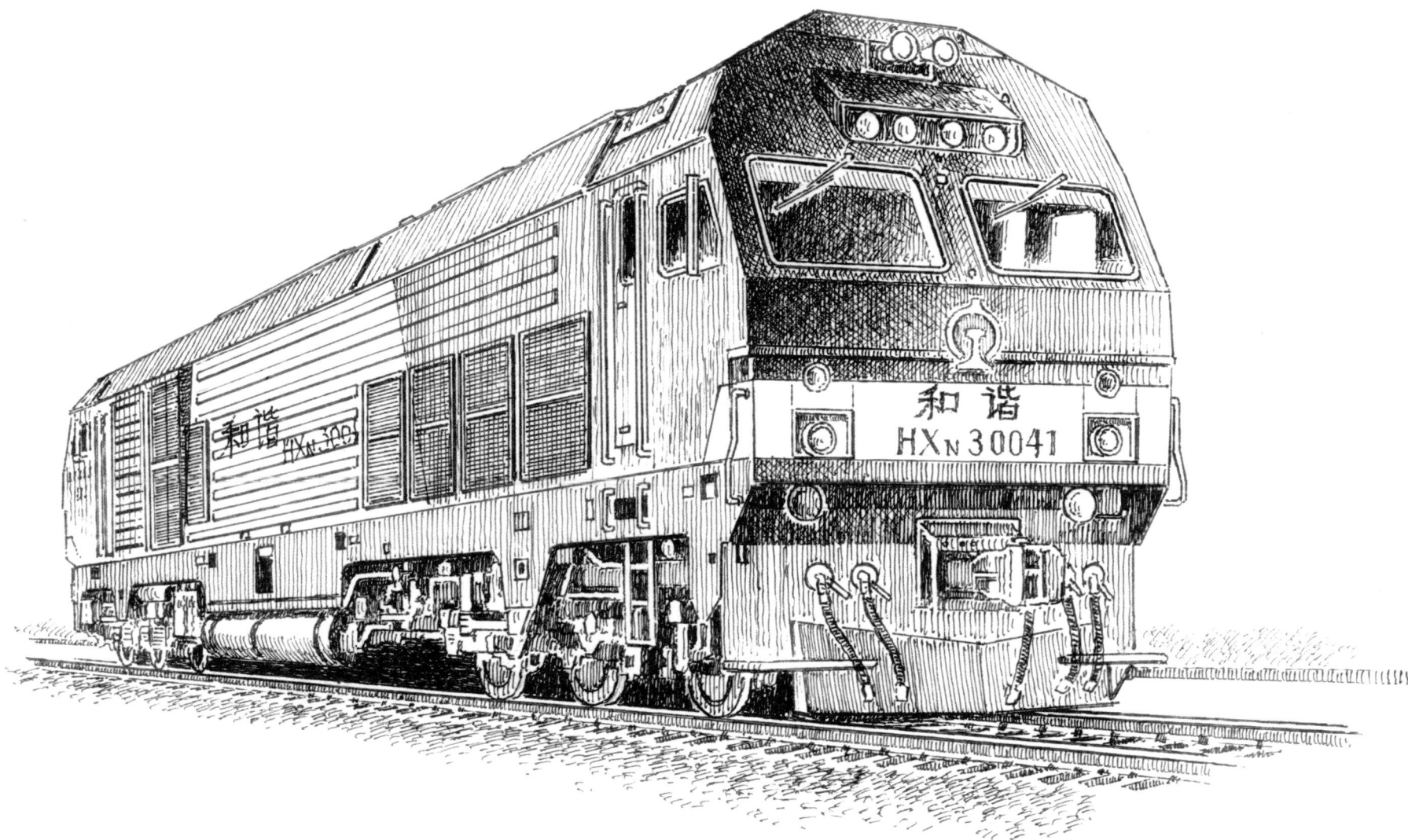

和谐3型电力机车
大连机车车辆有限公司　2004年

韶山 SS7 型电力机车
大同机车厂　1992 年

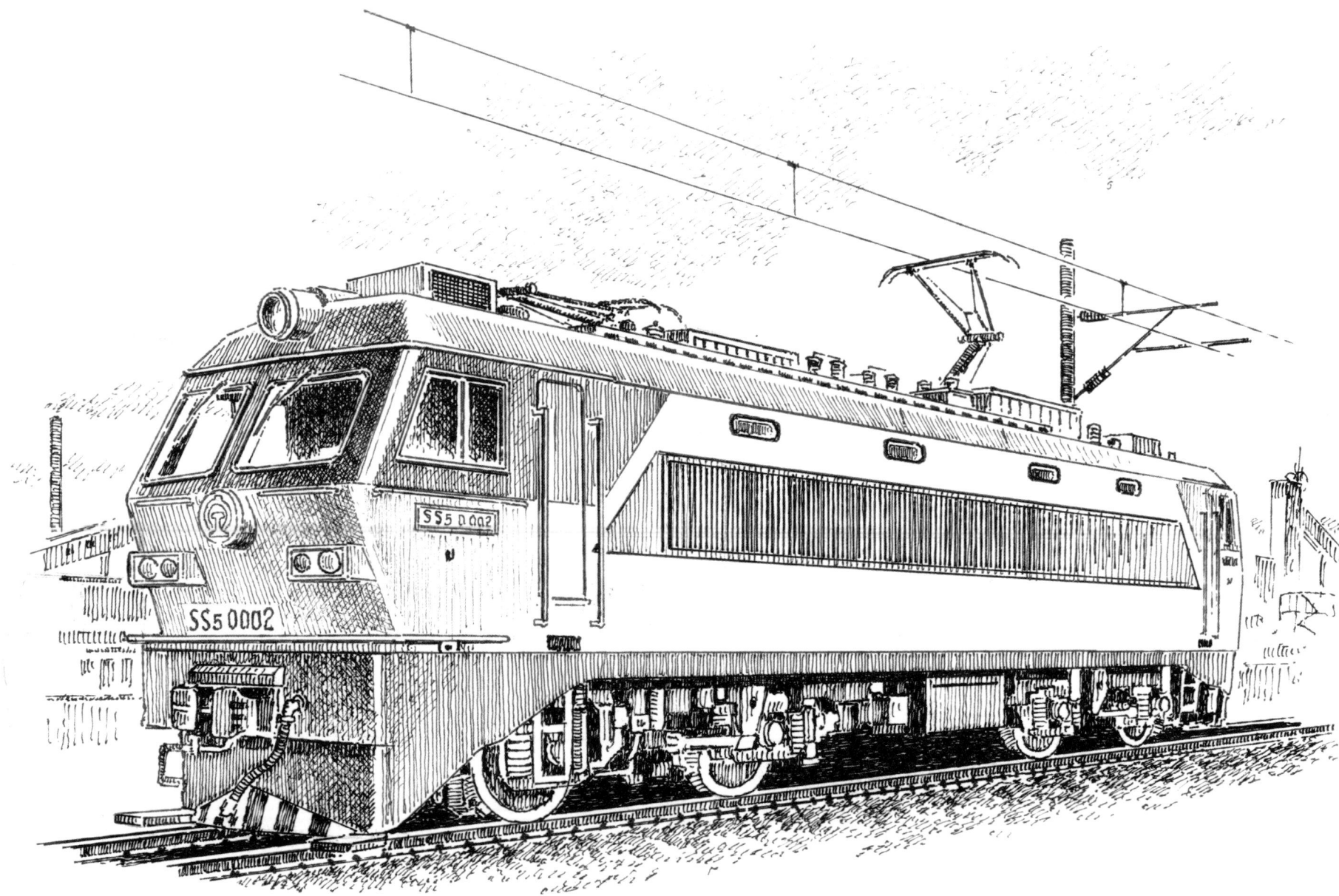

韶山 SS5 型电力机车
株洲电力机车厂　1990 年

韶山 SS6 型电力机车
株洲电力机车厂　1994 年

韶山 SS7 型机车
大同机车厂　1992 年

韶山 SS7E 型电力机车
大同机车厂　2001 年

中国制造的道路
——图说中国火车机车制造业的发展
095

韶山 SS7 型电力机车　模块化机车
大同机车厂　2001 年

韶山 SS8 型电力机车
株洲电力机车厂　1995 年

韶山 SS9 型电力机车
株洲电力机车厂　1998 年

中国制造的道路
——图说中国火车机车制造业的发展

韶山 SS9G 型电力机车
株洲电力机车厂　2002 年

奥星号车 DJ2 型电力机
株洲电力机车厂　2000 年
　　该车是具有自主知识产权的国产电力机车,是中国铁路后来成为和谐号型的电力机车的前身,也是和谐型电力机车的前期试验产品之一。

中国制造的道路
——图说中国火车机车制造业的发展

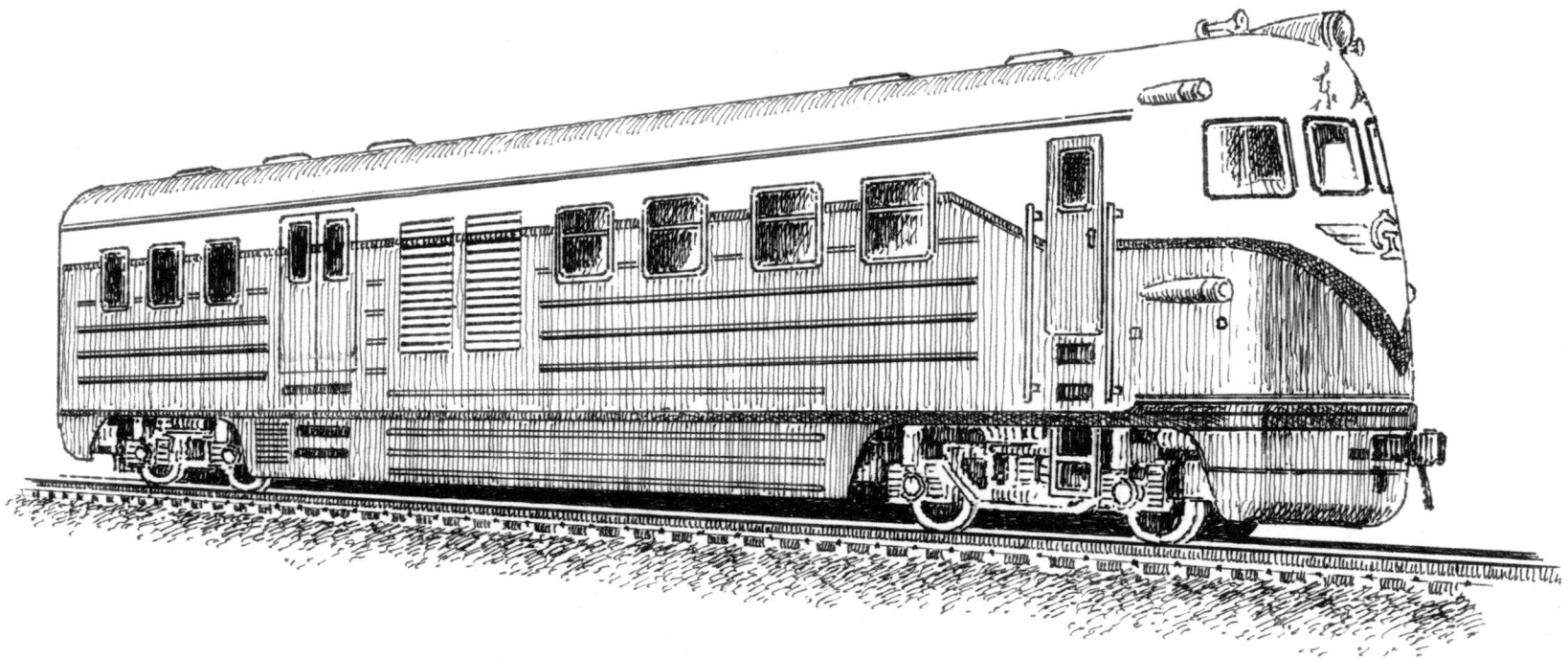

东风型摩托动车组机车

四方机车车辆厂　1958 年

　　中国铁路上目前跑的动车其实不是现在才有的，早在 1958 年青岛的四方机车车辆厂就试制了中国的第一台动车组，该型车由一台内燃机车和中国首次试制的四节双层客车组成，这在当时是了不起的成就，这台机车在使用了几年后退出运行，四节双层客车后来在沪杭铁路上一直使用至二十世纪七十年代末。

　　这组内燃动力集中液力传动的内燃机车和双层客车的研制成功为后来中国同类产品的设计制造积累了丰富的经验。

4 | 人民的需要

　　改革开放以来,中国的铁路机车制造工业在中国特色社会主义理论指引下,积极走出国门,向世界上先进的铁路强国学习,引进他们的技术,开展和他们的交流与合作,使中国的铁路机车制造工业向国际先进技术水平看齐,在较短的时间里实现了跨越式的发展。2005 年 7 月北京到天津的高速铁路正式动工,2008 年 8 月 1 日正式通车,这是一条全长 166 公里、设计时速 350 公里的高速铁路,从北京南站到天津站只需要半个小时的时间。京津城际高铁的建成通车,改变了人民的出行观念和方式,标志着中国开始向高铁方向迈进,自此陆续建成的哈大高铁,京沪高铁,武广高铁等彻底改变了中国铁路运输的面貌。

　　至 2019 年底,中国的高速铁路运营里程已经达到 3.5 万公里,同时中国的高铁技术也得到了国际上的认可,开始走出国门为其他国家修建高铁。

唐车号　中国首列内燃双层动车组
唐山机车车辆厂　1998 年
　　唐车号动车组是中国首列真正意义上的动车组，由唐山机车厂研制，1998 年 6 月在江西九江
投入运行。这列 DMU 型双层动车组代表了当时中国最高的机车车辆设计制造水平。

中国制造的道路
——图说中国火车机车制造业的发展

庐山号动车组
唐山机车车辆厂　1998 年

　　该型动车组是唐山机车车辆厂在 1998 年研制成功的中国第一种国产动车组，成功填补了中国运输工具的一项空白，最大运行速度达 120 公里/小时。庐山号动车组当年运行在江西九江到南昌的铁路区间，票价是五元，该型动车的投入使用受到广泛的社会关注和旅客的欢迎。

中国制造的道路
——图说中国火车机车制造业的发展

NZJ1 型"新曙光"号动车组

戚墅堰机车车辆厂　南京浦镇车辆厂　1998 年

　　该车是戚墅堰机车车辆厂和浦镇车辆厂为满足铁路中短途旅客列车提速需求在 1998 年研制成功的。该车 1998 年出厂，1999 年曾在即有线路上创下 194 公里/小时的时速。

　　新曙光号动车组投入使用后先在沪宁线上担当客运。该型动车运用了当时中国铁路机车车辆制造的许多成功经验，全车共分 9 节，首尾 2 节为动力机车，中间 7 节是双层拖车，整车总功率 5520 千瓦，全长 281 米，全车总质量 703 吨。该车采用动力集中的方式，配有全车空调，最高时速 180 公里，载客量 1140 人，具有功率大、速度高、载客多、技术新的特点。

　　该车的外形设计和涂装在当时也是十分时尚和漂亮的。

东风 8CJ **型内燃机车**
戚墅堰机车车辆厂　2015 年

5 | 科学发展

　　我国的铁路机车制造业在基本满足了国民经济的需求以后就开始向更高的目标发展,如速度、排放、环保和安全。如今,我国的机车在这些领域已经取得不俗的业绩,如和谐号电力机车、和谐号内燃机车和复兴号高铁等,这些科技含量高、技术先进、环保性能好的铁路机车已经在中国的铁路网上担当重任。

天津站

▲ **和谐 HXN3 高原型大马力内燃机车**
大连机车车辆有限公司 2008 年
　　和谐 HXN3 型内燃机车是适用于高原线路的客货运内燃机车, 该车是大连机车车辆有限公司于 2014 年专门针对高原的地理环境及特殊运行条件而研制的, 功率 3300 千瓦。

中国制造的道路
——图说中国火车机车制造业的发展

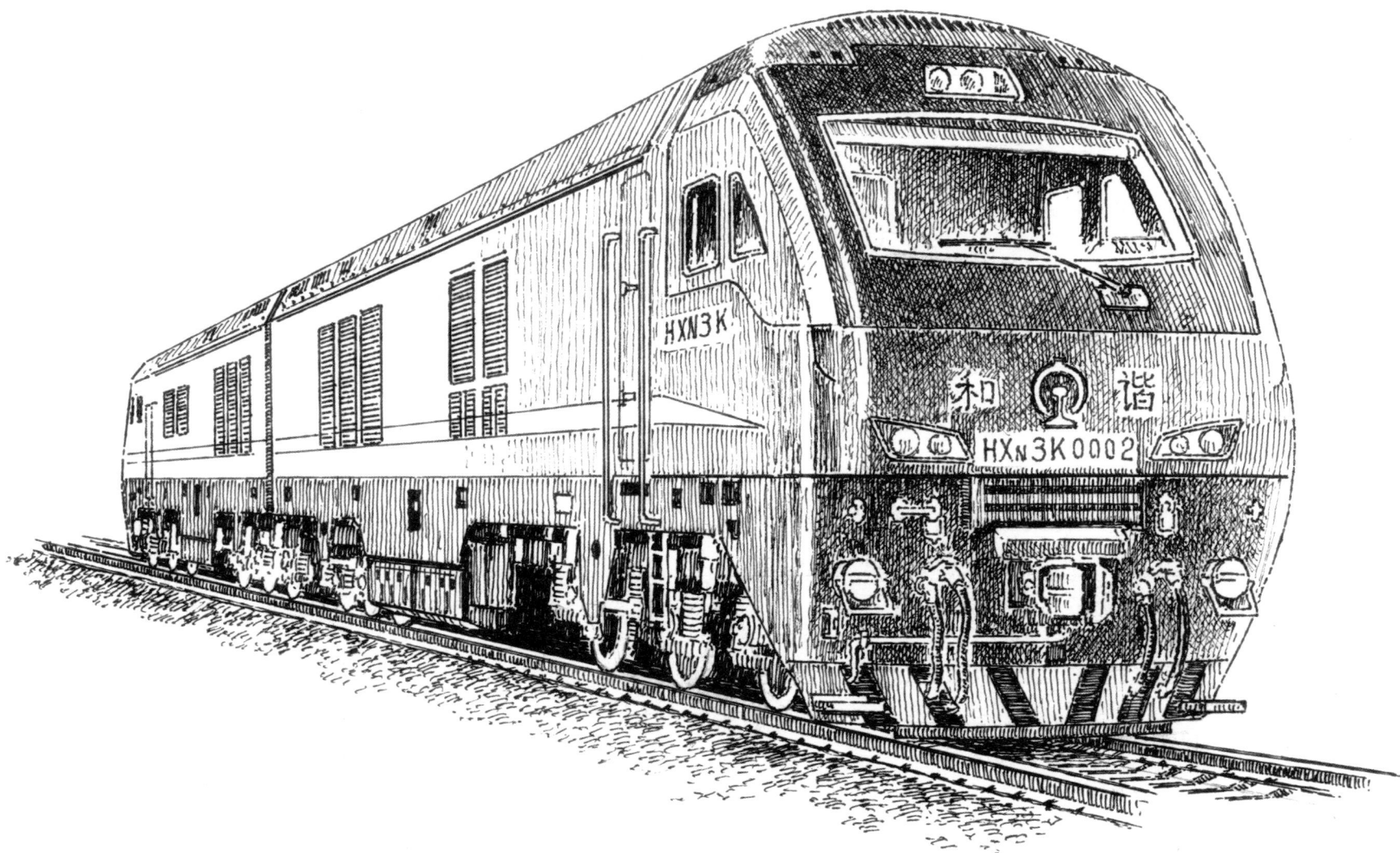

和谐 HXN3K 0002 号

大连机车车辆有限公司　2016 年

　　和谐 HXN3K 型内燃机车是交流传动客运内燃机车，最高时速：160 公里/小时，整备质量：138 吨，机车总长：44.9 米，是目前中国功率最大的客运型内燃机车之一。

和谐 HXN5 大功率交流电传动内燃机车
戚墅堰机车有限公司　2008 年

中国制造的道路
——图说中国火车机车制造业的发展
112

和谐 HXN5 型柴油机车

戚墅堰机车有限公司　2008 年

　　和谐 HXN5 型内燃机车是中国铁路的干线客货运主力内燃机车之一，交流传动，美国通用电气 (GE) 公司研制，通过技术转移方式由中国戚墅堰机车有限公司制造，首辆机车 2008 年下线。

　　该车在国际同类产品中排放低、节能好，柴油机功率达到 4660 千瓦，最大运行速度 120 公里/小时，主要技术指标达到国际先进水平。

和谐号 HXD1 型电力机车
大同机车有限责任公司 2006 年

和谐 HXD2 交流传动电力机车
大同机车有限责任公司　2006 年

和谐号 HXD3C

大连机车车辆有限公司 2010 年

和谐 HXD3D 型六轴干线电力机车
大连机车车辆有限公司　2012 年

和谐 HXD1D　6 轴交流电传动干线客运机车
株洲电力机车有限公司　2012 年

和谐号 HXD1D 型客运电力机车是株洲电力机车有限公司在 2012 年研制的 6 轴大功率快速客运电力机车，也是中国铁路使用的交流传动客运电力机车之一。该型机车有技术先进、性能优越、适应性广等优点，机车的总体技术指标达到国际领先水平。

最高速度：200 公里/小时，运行速度：170 公里/小时，机车功率：7200 千瓦。

和谐 HXD2D 干线客运机车
大同机车有限公司 2013 年
　　和谐 HXD2D 干线客运电力机车是大同机车有限公司于
2015 年为适应中国铁路使用环境设计的铁路干线 6 轴、7200 千
瓦，最高时速 160 公里的客运电力机车。

和谐 HX2E　**8 轴电力机车**
大同机车有限公司　2014 年

中国制造的道路
——图说中国火车机车制造业的发展

和谐 HX03G(左) 大连机车车辆有限公司 2017 年
和谐 HX01G(右) 中车株洲电力机车有限公司 2015 年

中国制造的道路
——图说中国火车机车制造业的发展

和谐 HXD3 货运电力机车
大连机车车辆有限公司　2004 年
　　和谐号 HXD3 型电力机车,是大连机车车辆有限公司在 2003 年研制的大功率交流传动干线客货两用电力机车,是中国铁路的主型电力机车之一,功率:7200 千瓦,最高运行速度:120 公里/小时。

和谐 HXD2 型货运电力机车
大同电力机车有限公司　2005 年

天梭型电力机车 DJ3 型
大同机车厂、株洲电力机车厂　2002 年

中国制造的道路
——图说中国火车机车制造业的发展

DJ 型"九方"电力机车
株洲电力机车厂 2000 年
　　DJ型九方电力机车,是中国第一种交流传动的客运电力机车,
在当时的最高运行速度达到了 200 公里/小时。

中华之星动车组（鸭嘴兽）
株洲电力机车厂、大同机车厂　2002 年

　　中华之星动车组是中国自行设计拥有自主知识产权的高速电力动车组，最高时速 270 公里，动力集中式。该车在 2002 年 11 月曾在津京铁路专用客运线上跑出 321.5 公里/小时的速度，这个纪录直到 2008 年才被 CRH2 型动车所打破。

　　中华之星 DJJ2 型动车组由株洲电力机车厂和大同机车厂等研制，当时也代表了中国机车车辆制造的最高水平。

"长白山号" DJF3 型动车组

长春轨道客车股份有限公司 2003 年

"长白山号" DJF3 型动车组是长春轨道客车股份有限公司在 2003 年自行研制的高速铁路动车组，外形仿造德国的西门子高速电力动车，是当时中国各机车工厂所研制的铁路动车技术含量最高、最先进的动车组，设计时速 210 公里，载客量 650 人，后来的 CRH1 型动车在设计的时候参照了长白山号。

中国铁路在二十世纪的八十年代中期以前，各机车车辆厂设计了很多款式的动车，都在为中国的铁路客运向世界先进目标发展做各种尝试，由于中国的铁路机车制造业基础差，始终没有发展出很成功的车型，但是在这些初期的动车研制过程中，也积累了丰富的经验和锻炼，培养了工程技术人员。当年如果没有这些人员的努力，也不会形成如今中国铁路高速发展的大好局面。

CRH2 型和谐号电力动车组

四方机车车辆厂　2004 年

　　CRH2 和谐号电力动车组是青岛四方机车车辆厂在 2004 年研制生产的, 其原型车是日本川崎重工株式会社的新干线 ez_1000 型新干线列车, 其构造速度为 200~300 公里/小时。

CRH1 型和谐号动车组

四方机车车辆股份有限公司　2004 年

　　CRH1 型和谐号动车组是青岛四方机车车辆股份有限公司在 2004 年引进加拿大庞巴迪公司技术，为中国第六次铁路大提速准备的适用于城际铁路服务和国家干线铁路客运服务的电力动车组。

和谐号 CRH3 动车组

中车唐山轨道客车有限责任公司　2008 年

　　和谐号 CRH3 型动车组是中车唐山轨道客车有限责任公司 2008 年引进德国西门子公司技术，与国外合作设计生产的中国铁路高速动车组，最高时速达到了 394.2 公里。

　　该车总功率 8800 千瓦，定员 557 人，全车总长 200.67 米。

中国制造的道路
——图说中国火车机车制造业的发展

∧ **和谐长城号动车组**
戚墅堰机车车辆有限公司 2008 年
　　和谐长城号动车组是为北京 2008 年奥运会专门定制的动车组,由戚墅堰机车车辆有限公司
和南京浦镇车辆有限公司制造,奥运会期间运行在北京北站至八达岭站。

6 | 大国制造

中国的铁路机车制造业经过几十年的发展,已经由初级阶段迈向了高级阶段。中国的铁路机车制造目前已经因为技术水平先进,各项铁路机车指标达到或者超过国际标准而受到了广泛的重视,除了在国内的铁路线上使用,还走出国门行驶到世界各地。中国制造的铁路机车已经成为强有力的国家名片,很多型号的铁路机车在国际市场上供不应求,中国已经成为铁路强国。

和谐 HXN6 型混合动力内燃机车
资阳机车车辆有限公司 2015 年
　　和谐 HXN6 型混合动力内燃机车是资阳机车车辆有限公司于 2019 年生产的当时世界最大功率（2200 千瓦）的混合动力内燃机车，也是拥有世界领先技术的节能环保型内燃机车。该车采用动力电池组/柴油发电机组提供动力，节省燃油、降低噪音及减少排放效果良好。

复兴 FXN3 C0001 号 4400 马力交流传动货运机车
大连机车车辆有限公司　2019 年

　　该车是复兴系列的第一款内燃机车，也是复兴号从客运迈向货运牵引的开始，该车功率 3500 千瓦，最高时速 120 公里/小时，在智能、绿色、环保等方面各项指标都有大幅度提升，整车的各项性能达到甚至超过国际先进水平。

　　该型机车将是中国铁路东风 4D 和东风 8B 型机车的换代产品。

复兴 FXN5 C0001 号内燃机车
大连机车车辆有限公司　2019 年

D19E 型越南国家铁路使用的"芭比娃娃"内燃机车
中车资阳机车有限公司
　　该车造型可爱好看,在越南被称为中国的"芭比娃娃"。

DJG2 型高速实验电力机车
中车大同电力机车有限责任公司　2016 年

中国制造的道路
——图说中国火车机车制造业的发展

神华集团 HXDI **电力机车**
株洲电力机车有限公司　2011 年

复兴号 FXD1B **电力机车**

株洲电力机车有限公司　2020 年

　　复兴号 FXD1B 电力机车是株洲电力机车有限公司于 2013 年研制成功的干线货运电力机车。

　　该车是由德国西门子公司与株洲电力机车有限公司结合中国大秦铁路的实际应用情况而研制的。机车最高时速 100 公里/小时，运行速度 80 公里/小时，整备质量 216 吨，持续功率 9600 千瓦，是世界范围内功率最大的货运电力机车。

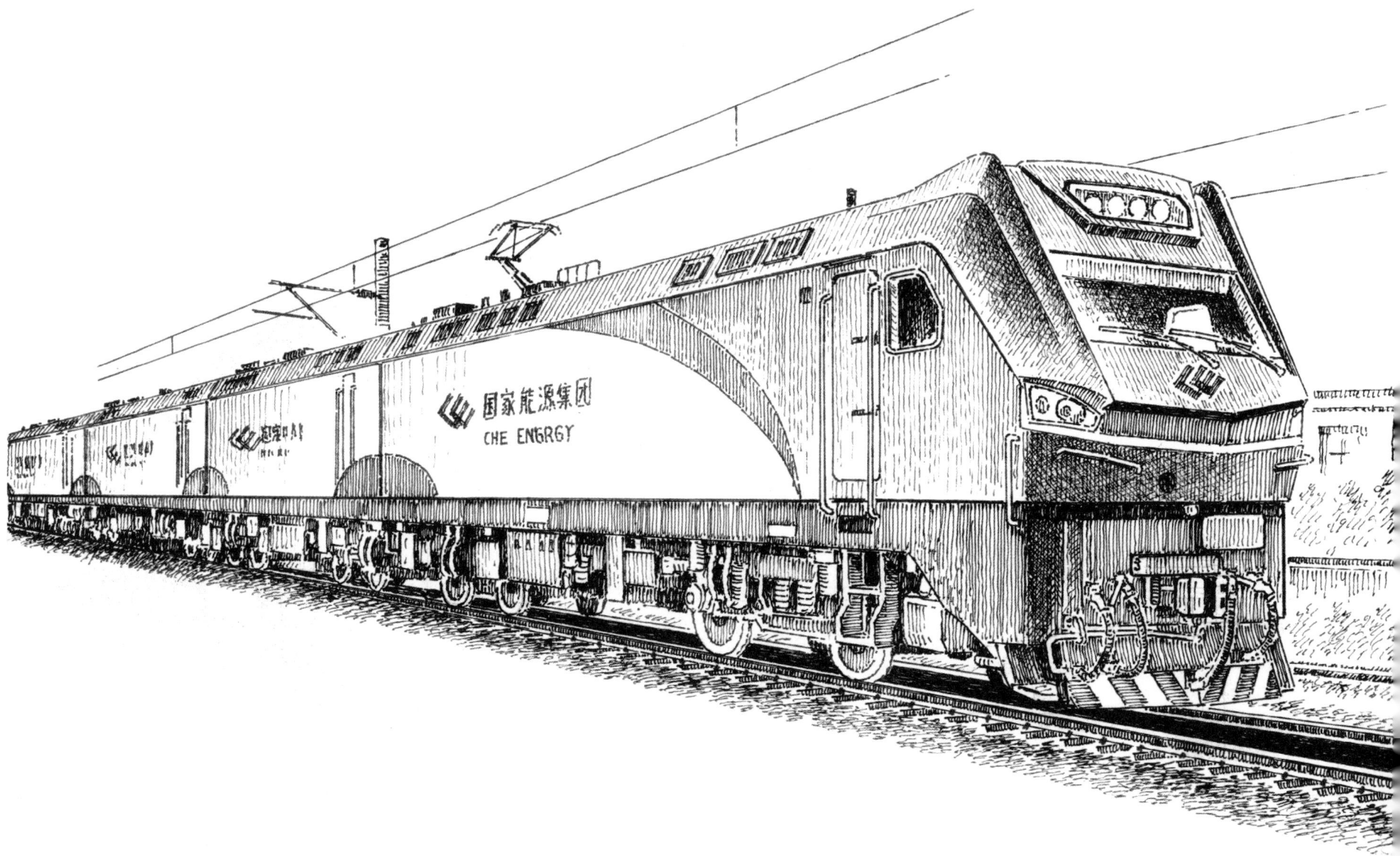

神 24 型货运电力机车

株洲电力机车有限公司　2020 年

　　神 24 型货运型电力机车是株洲电力机车有限公司在 2020 年研制成功的当时世界最大功率（28800 千瓦）的 24 轴电力机车，该车共六节编组，长 106 米，拥有超强的动力，16 项技术创新，是世界上最大的单机功率、全球最大牵引力、全球最大的机车长度、全球轴数最多的电力机车。

出口欧洲的野牛型交流制电力干线机车
株洲电力机车有限责任公司　2020 年

陕煤号万吨电力机车
株洲电力机车有限公司　2020 年
　　机车功率 5600 千瓦，时速 140 公里/小时，该型机车外观硬朗简洁、现代感强，凸显了铁路机车的力量。

中国首台永磁直驱电力客运机车
大同电力机车有限公司　2018 年
　　该车由大同电力机车有限公司于 2018 年研制，功率 7200 千瓦，整车外形根
据仿生美学设计，造型流畅、美观大方。

复兴号智能动车组
青岛四方机车车辆股份有限公司　2021 年

中国制造的道路
——图说中国火车机车制造业的发展

复兴号 CR200J 绿巨人动车组
唐山机车车辆有限公司　2017 年
　　复兴号 CR200J 绿巨人动车组采用"国槐绿"为底色,时速 160 公里/小时。

复兴号电力机车组

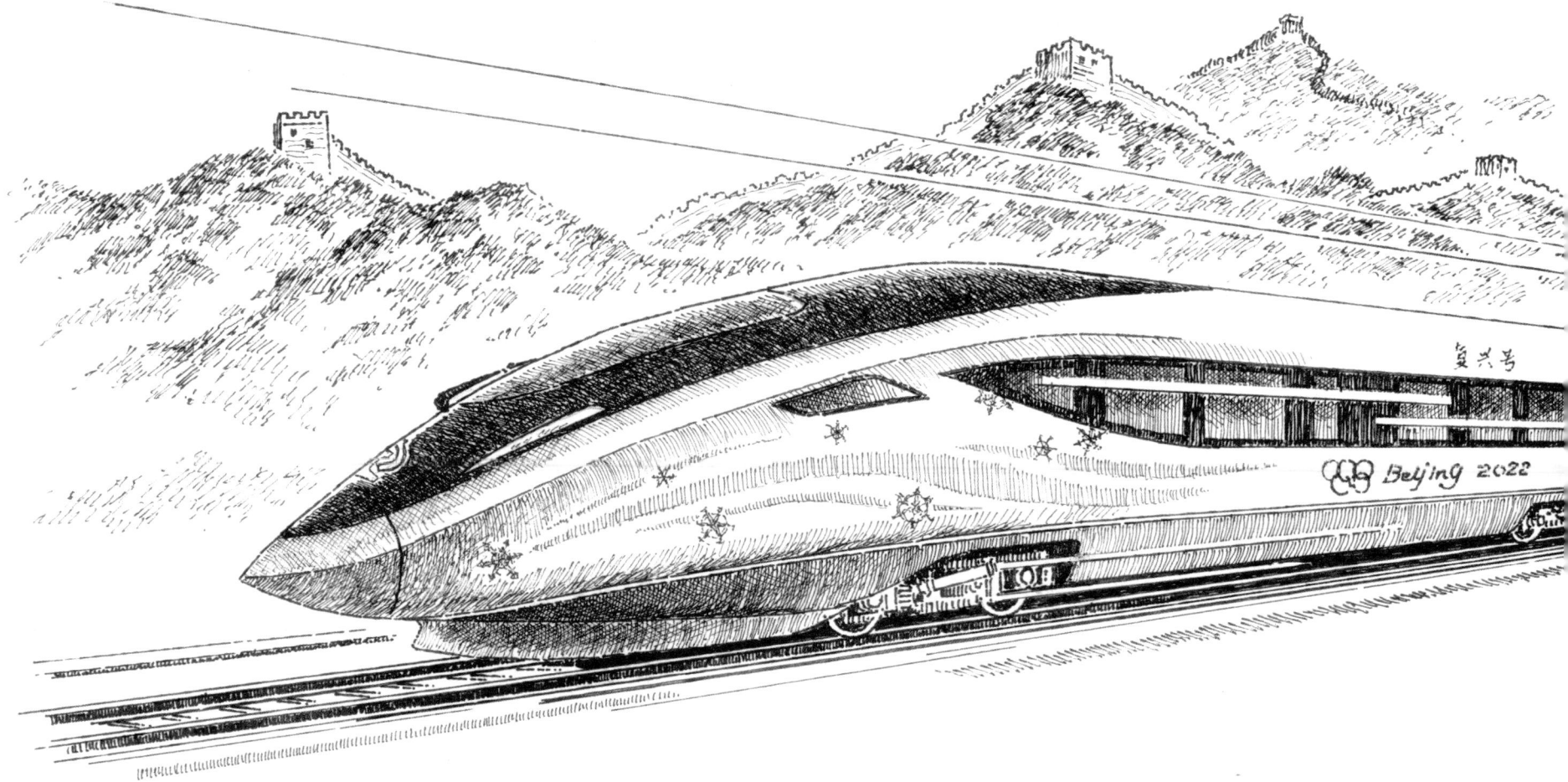

京张高铁智能型复兴号　CR400BF 型动车组

长春轨道客车股份有限公司　唐山机车车辆有限公司　2017 年

　　京张高铁 CR400BF 型动车组，是世界上首条时速 350 公里/小时的智能型动车组。

　　复兴号智能型动车采用"瑞雪迎春"图案的涂装，突出了"绿色，共享，开放，廉洁"的办奥理念举措，整车在智能化、安全舒适、绿色环保、综合节能等反面走在了世界铁路客运的前列。该型动车组被誉为"匠心设计，国货之光"，其有人值守，自动驾驶是最大的亮点，是中国铁路装备制造向现代化、智能化迈进的最佳表现，使中国的高铁技术站到了世界的前沿。为配合 2022 年北京冬奥会的成功举办，该型动车组在车上专门设置了为参赛选手和冰雪运动爱好者存放雪具的空间。

　　从 2021 年中期开始，复兴号智能高铁动车组扩大了开行范围，覆盖 18 个省市行政区。复兴号智能高铁动车组运行速度为 350 公里/小时。

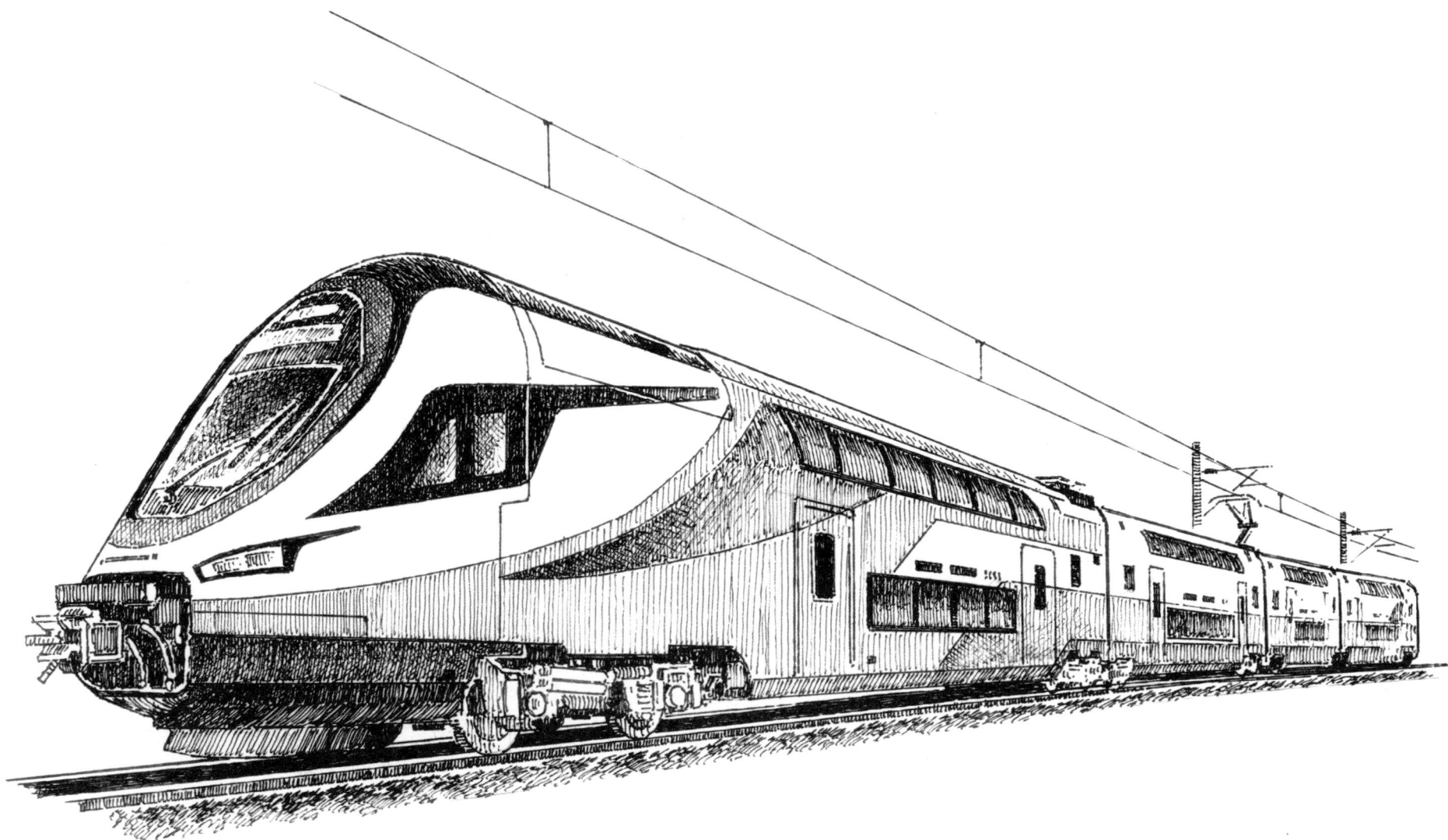

株洲电力机车有限公司出口欧洲的时速 200 公里的动车组

株洲电力机车有限公司　2021 年

　　该车是中国自主研制的满足欧洲铁路互联互通技术规范的双层动车组，运行于德国、匈牙利等国家的铁路线上。

"天狼星"号　出口欧洲的电动车组

四方机车车辆有限公司　2020 年

　　该型动车组由株洲电力机车研究所研发设计，时速 160 公里/小时，可以提供安全、便捷、绿色的优质服务。

复兴号动力集中动车组　动力机车型号 HXD3G　动车组型号 CR200J
株洲电力机车有限公司　2018 年
　　该车由株洲电力机车有限公司设计制造，运行速度 160 公里/小时，可以用于
中国铁路的长短途客运，将要逐步取代目前中国铁路上正在使用的 25t 型客车。

中国制造的道路
——图说中国火车机车制造业的发展

▲ 20E 型电力机车

株洲电力机车有限公司 2013 年

　　该型电力机车是株洲电力机车有限公司为南非设计制造的 22F 型窄轨
电力机车，受到南非人民的喜爱，被亲切称为"中国娃娃"。

中国制造的道路
——图说中国火车机车制造业的发展

出口斯里兰卡的 MCG 型内燃动车组
四方机车车辆有限公司，2012 年

　　四方机车车辆股份有限公司为斯里兰卡设计制造的 MCG 型内燃动车
组，由于其可靠的质量和优质的服务得到斯里兰卡铁路部门和民众的赞誉。

出口新西兰的 DL 型窄轨内燃机车

大连机车车辆有限公司　2010 年

　　DL 型窄轨内燃机车，是大连机车车辆有限公司设计制造的一种干线客货通用的
交-直流电传动内燃机车，也是中国第一款出口发达国家的中国内燃机车。机车功率
2700 千瓦，最高运行速度 100 公里／小时。

氢燃料电池双动力内燃机车
资阳机车车辆有限公司 2021 年
　　该车是资阳机车车辆有限公司设计制造的中国首台氢燃料电池双动力、环保零排放的混合动力内燃机车。

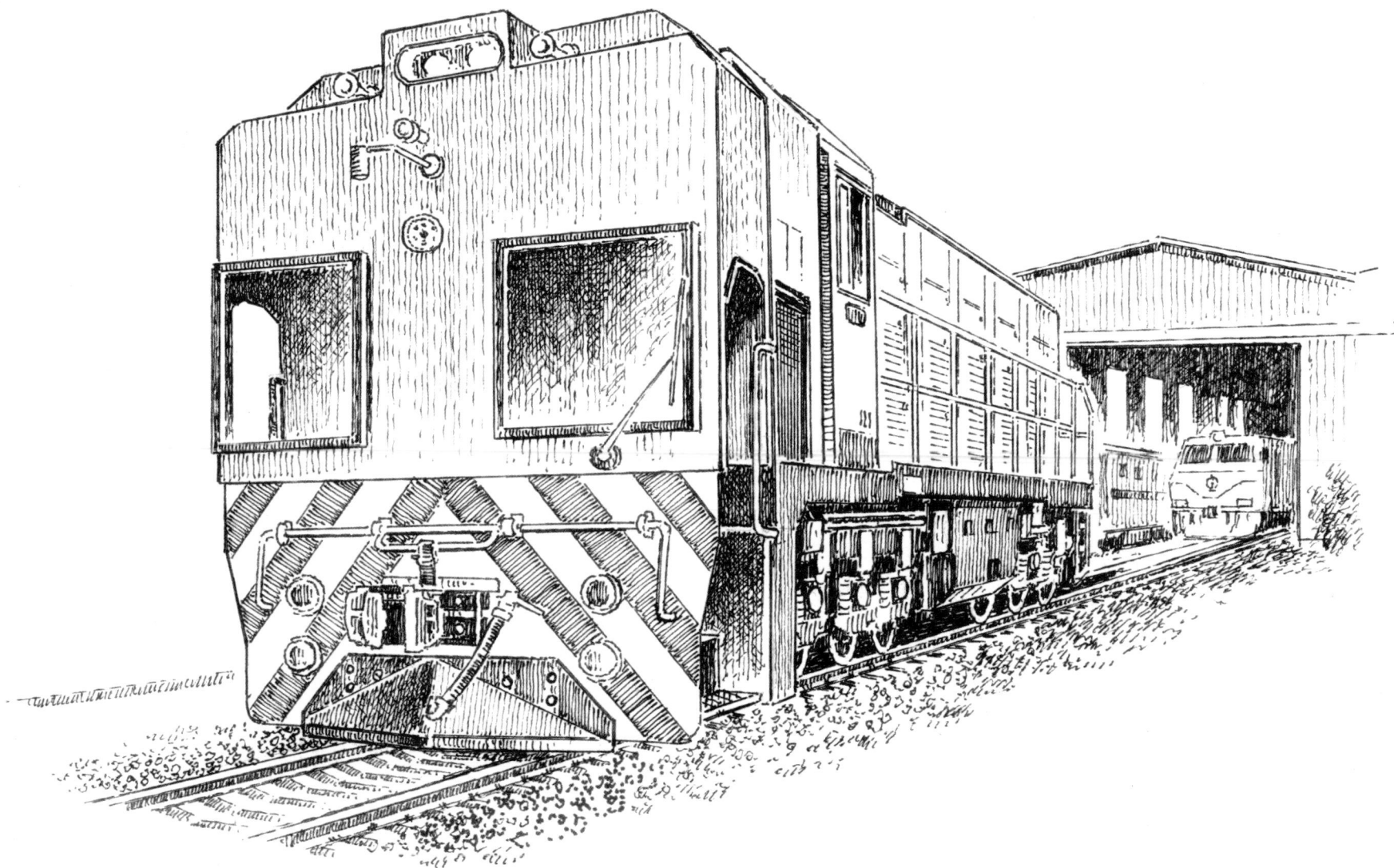

中国首台经济型绿色环保混合动力机车
资阳机车车辆有限公司　2021 年

　　中国首台经济型绿色环保混合动力机车是资阳机车车辆有限公司在 2021 年研制成功的。该车是资阳机车车辆有限公司自主研制的 700 千瓦油电混合动力机车，可以实现纯动力电池牵引、纯柴油机牵引、动力电池/柴油机动力牵引等三种模式，符合国家绿色、环保、节能、减排的精神，可以节约燃油 90% 以上。